D1323692

Contemporánea

Mario Benedetti (Uruguay, Paso de los Toros, 14 de septiembre de 1920 - Montevideo, 17 de mayo de 2009). Se educó en un colegio alemán y se ganó la vida como taquígrafo, vendedor, cajero, contable, funcionario público y periodista. Es autor de novelas, relatos, poesía, teatro y crítica literaria. Su obra, más de ochenta libros, ha sido traducida a más de veinticinco idiomas. En 1953 aparece *Quién de nosotros*, su primera novela, pero es el libro de cuentos *Montevideanos* (1959) el que supuso su consagración como narrador. Con su siguiente novela, *La tregua* (1960), Benedetti adquiere proyección internacional: la obra tuvo más de ciento cincuenta ediciones, fue traducida a diecinueve idiomas y llevada al cine, el teatro, la radio y la televisión. Por razones políticas, debió abandonar su país en 1973, iniciando un largo exilio de doce años que lo llevó a residir en Argentina, Perú, Cuba y España, y que dio lugar a ese proceso posterior, que a su retorno bautizó como «desexilio». Ha sido galardonado con, entre otros, el Premio Reina Sofía de Poesía, el Premio Iberoamericano José Martí y el Premio Internacional Menéndez Pelayo.

Mario Benedetti

El amor, las mujeres y la vida

DEBOLS!LLO

Primera edición en Debolsillo: julio, 2015
Segunda reimpresión: marzo, 2016

© 1995, Mario Benedetti
c/o Guillermo Schavelzon & Asoc., Agencia Literaria
www.schavelzon.com
© 2015, Penguin Random House Grupo Editorial, S.A.U.
Travessera de Gràcia, 47-49. 08021 Barcelona

Printed in Spain – Impreso en España

ISBN: 978-84-9062-677-1
Depósito legal: B-13.973-2015

Impreso en Liberdúplex, Sant Llorenç d'Hortons (Barcelona)

P 626771

Penguin
Random House
Grupo Editorial

El amor es la compensación de la muerte;
su correlativo esencial.

ARTHUR SCHOPENHAUER

Prólogo

Desde que, en mi lejana adolescencia, me enfrenté a *El amor, las mujeres y la muerte,* por entonces el libro más popular del filósofo alemán Arthur Schopenhauer (1788-1860), entré en contradicción con la sutil propuesta que sugerían las tres palabras de aquel título. Y aunque el filósofo de Danzig se cuidaba de tratar cada término por separado, era evidente que su pesimismo voluntarista, al introducir los tres enunciados en un mismo saco, los convertía en ingredientes de su inextinguible misoginia. Es cierto que muchas de las acometidas de Schopenhauer contra la mujer y sus primeros y tímidos conatos de independencia, se inscribían en un prejuicio generalizado en aquel lugar y en aquel tiempo, un prejuicio que por cierto no sólo abarcaba a los hombres sino también a las mujeres.

En estos días volví a leer todo el libro, con ojos casi sesenta años más viejos, y, pese a situarlo, ahora sí conscientemente, en su ámbito temporal, volvía a experimentar aquella antigua sensación de rechazo. El amor es uno de los elementos emblemáticos de la vida. Breve o extendido, espontáneo o minuciosamente construido, es de cualquier manera un apogeo en las relaciones humanas. Curiosamente, hasta en su controvertida obra, Schopenhauer no puede evitar una constancia esperanzada: «El amor es la compensación de la muerte; su correlativo esencial». Lo rescaté como epígrafe para esta antología. ¿Acaso no vale para mostrar que, aun en un carácter tan sexualmente huraño como el de este autor teutón, el amor es el único elemento que le sirve para enfrentar a la muerte?

De ahí a reconocer que el amor y las mujeres están más cerca de la vida que de la muerte, media sólo un paso. Aquí lo doy, con perdón de Schopenhauer. Ésta es una antología temática que se fue haciendo sola en los últimos cincuenta años. De tanto revisar galeradas de mis dos *Inventarios*, me di cuenta de que estaba ahí y que sólo hacía falta rescatarla, separándola de tantos otros contenidos, por cierto menos incitantes y confortadores que el amor.

MARIO BENEDETTI

Asunción de ti

A Luz

1

Quién hubiera creído que se hallaba
sola en el aire, oculta,
tu mirada.
Quién hubiera creído esa terrible
ocasión de nacer puesta al alcance
de mi suerte y mis ojos,
y que tú y yo iríamos, despojados
de todo bien, de todo mal, de todo,
a aherrojarnos en el mismo silencio,
a inclinarnos sobre la misma fuente
para vernos y vernos
mutuamente espiados en el fondo,
temblando desde el agua,
descubriendo, pretendiendo alcanzar
quién eras tú detrás de esa cortina,
quién era yo detrás de mí.
Y todavía no hemos visto nada.
Espero que alguien venga, inexorable,
siempre temo y espero,
y acabe por nombrarnos en un signo,

por situarnos en alguna estación
por dejarnos allí, como dos gritos
de asombro.
Pero nunca será. Tú no eres ésa,
yo no soy ése, ésos, los que fuimos
antes de ser nosotros.

Eras sí pero ahora
suenas un poco a mí.
Era sí pero ahora
vengo un poco de ti.
No demasiado, solamente un toque,
acaso un leve rasgo familiar,
pero que fuerce a todos a abarcarnos
a ti y a mí cuando nos piensen solos.

2

Hemos llegado al crepúsculo neutro
donde el día y la noche se funden y se igualan.
Nadie podrá olvidar este descanso.
Pasa sobre mis párpados el cielo fácil
a dejarme los ojos vacíos de ciudad.
No pienses ahora en el tiempo de agujas,
en el tiempo de pobres desesperaciones.
Ahora sólo existe el anhelo desnudo,
el sol que se desprende de sus nubes de llanto,
tu rostro que se interna noche adentro
hasta sólo ser voz y rumor de sonrisa.

3

Puedes querer el alba
cuando ames.
Puedes
venir a reclamarte como eras.
He conservado intacto tu paisaje.
Lo dejaré en tus manos
cuando éstas lleguen, como siempre,
anunciándote.
Puedes
venir a reclamarte como eras.
Aunque ya no seas tú.
Aunque mi voz te espere
sola en su azar
quemando
y tu sueño sea eso y mucho más.
Puedes amar el alba
cuando quieras.
Mi soledad ha aprendido a ostentarte.
Esta noche, otra noche
tú estarás
y volverá a gemir el tiempo giratorio
y los labios dirán
esta paz ahora esta paz ahora.
Ahora puedes venir a reclamarte,
penetrar en tus sábanas de alegre angustia,
reconocer tu tibio corazón sin excusas,
los cuadros persuadidos,
saberte aquí.

Habrá para vivir cualquier huida
y el momento de la espuma y el sol
que aquí permanecieron.
Habrá para aprender otra piedad
y el momento del sueño y el amor
que aquí permanecieron.
Esta noche, otra noche
tú estarás,
tibia estarás al alcance de mis ojos,
lejos ya de la ausencia que no nos pertenece.
He conservado intacto tu paisaje
pero no sé hasta dónde está intacto sin ti,
sin que tú le prometas horizontes de niebla,
sin que tú le reclames su ventana de arena.
Puedes querer el alba cuando ames.
Debes venir a reclamarte como eras.
Aunque ya no seas tú,
aunque contigo traigas
dolor y otros milagros.
Aunque seas otro rostro
de tu cielo hacia mí.

Amor, de tarde

Es una lástima que no estés conmigo
cuando miro el reloj y son las cuatro
y acabo la planilla y pienso diez minutos
y estiro las piernas como todas las tardes
y hago así con los hombros para aflojar la espalda
y me doblo los dedos y les saco mentiras.

Es una lástima que no estés conmigo
cuando miro el reloj y son las cinco
y soy una manija que calcula intereses
o dos manos que saltan sobre cuarenta teclas
o un oído que escucha cómo ladra el teléfono
o un tipo que hace números y les saca verdades.

Es una lástima que no estés conmigo
cuando miro el reloj y son las seis.
Podrías acercarte de sorpresa
y decirme «¿Qué tal?» y quedaríamos
yo con la mancha roja de tus labios
tú con el tizne azul de mi carbónico.

Es tan poco

Lo que conoces
es tan poco
lo que conoces
de mí
lo que conoces
son mis nubes
son mis silencios
son mis gestos
lo que conoces
es la tristeza
de mi casa vista de afuera
son los postigos de mi tristeza
el llamador de mi tristeza.

Pero no sabes
nada
a lo sumo
piensas a veces
que es tan poco
lo que conozco
de ti
lo que conozco

o sea tus nubes
o tus silencios
o tus gestos
lo que conozco
es la tristeza
de tu casa vista de afuera
son los postigos de tu tristeza
el llamador de tu tristeza.
Pero no llamas.
Pero no llamo.

Ella que pasa

Paso que pasa
rostro que pasabas
qué más quieres
te miro
después me olvidaré
después y solo
solo y después
seguro que me olvido.

Paso que pasas
rostro que pasabas
qué más quieres
te quiero
te quiero sólo dos
o tres minutos
para quererte más
no tengo tiempo.

Paso que pasas
rostro que pasabas
qué más quieres
ay no

ay no me tientes
que si nos tentamos
no nos podremos olvidar
adiós.

Balada del mal genio

Hay días en que siento una desgana
de mí, de ti, de todo lo que insiste en creerse
y me hallo solidariamente cretino
apto para que en mí vacilen los rencores
y nada me parezca un aceptable augurio.

Días en que abro el diario con el corazón en la boca
como si aguardara de veras que mi nombre
fuera a aparecer en los avisos fúnebres
seguido de la nómina de parientes y amigos
y de todo el indócil personal a mis órdenes.

Hay días que ni siquiera son oscuros
días en que pierdo el rastro de mi pena
y resuelvo las palabras cruzadas
con una rabia hecha para otra ocasión
digamos, por ejemplo, para noches de insomnio.

Días en que uno sabe que hace mucho era bueno
bah tal vez no hace tanto que salía la luna
limpia como después de un jabón perfumado

y aquello sí era auténtica melancolía
y no este malsano, dulce aburrimiento.

Bueno, esta balada sólo es para avisarte
que en esos pocos días no me tomes en cuenta.

A la izquierda del roble

No sé si alguna vez les ha pasado a ustedes
pero el Jardín Botánico es un parque dormido
en el que uno puede sentirse árbol o prójimo
siempre y cuando se cumpla un requisito previo.
Que la ciudad exista tranquilamente lejos.

El secreto es apoyarse digamos en un tronco
y oír a través del aire que admite ruidos muertos
cómo en Millán y Reyes galopan los tranvías.

No sé si alguna vez les ha pasado a ustedes
pero el Jardín Botánico siempre ha tenido
una agradable propensión a los sueños
a que los insectos suban por las piernas
y la melancolía baje por los brazos
hasta que uno cierra los puños y la atrapa.

Después de todo el secreto es mirar hacia arriba
y ver cómo las nubes se disputan las copas
y ver cómo los nidos se disputan los pájaros.

No sé si alguna vez les ha pasado a ustedes
ah pero las parejas que huyen al Botánico

ya desciendan de un taxi o bajen de una nube
hablan por lo común de temas importantes
y se miran fanáticamente a los ojos
como si el amor fuera un brevísimo túnel
y ellos se contemplaran por dentro de ese amor.

Aquellos dos por ejemplo a la izquierda del roble
(también podría llamarlo almendro o araucaria
gracias a mis lagunas sobre Pan y Linneo)
hablan y por lo visto las palabras
se quedan conmovidas a mirarlos
ya que a mí no me llegan ni siquiera los ecos.

No sé si alguna vez les ha pasado a ustedes
pero es lindísimo imaginar qué dicen
sobre todo si él muerde una ramita
y ella deja un zapato sobre el césped
sobre todo si él tiene los huesos tristes
y ella quiere sonreír pero no puede.

Para mí que el muchacho está diciendo
lo que se dice a veces en el Jardín Botánico

ayer llegó el otoño
el sol de otoño
y me sentí feliz
como hace mucho
qué linda estás
te quiero
en mi sueño

de noche
se escuchan las bocinas
el viento sobre el mar
y sin embargo aquello
también es el silencio
mirame así
te quiero
yo trabajo con ganas
hago números
fichas
discuto con cretinos
me distraigo y blasfemo
dame tu mano
ahora
ya lo sabés
te quiero
pienso a veces en Dios
bueno no tantas veces
no me gusta robar
su tiempo
y además está lejos
vos estás a mi lado
ahora mismo estoy triste
estoy triste y te quiero
ya pasarán las horas
la calle como un río
los árboles que ayudan
el cielo
los amigos
y qué suerte

te quiero
hace mucho era niño
hace mucho y qué importa
el azar era simple
como entrar en tus ojos
dejame entrar
te quiero
menos mal que te quiero.

No sé si alguna vez les ha pasado a ustedes
pero puede ocurrir que de pronto uno advierta
que en realidad se trata de algo más desolado
uno de esos amores de tántalo y azar
que Dios no admite porque tiene celos.

Fíjense que él acusa con ternura
y ella se apoya contra la corteza
fíjense que él va tildando recuerdos
y ella se consterna misteriosamente.

Para mí que el muchacho está diciendo
lo que se dice a veces en el Jardín Botánico

vos lo dijiste
nuestro amor
fue desde siempre un niño muerto
sólo de a ratos parecía
que iba a vivir
que iba a vencernos

pero los dos fuimos tan fuertes
que lo dejamos sin su sangre
sin su futuro
sin su cielo
un niño muerto
sólo eso
maravilloso y condenado
quizá tuviera una sonrisa
como la tuya
dulce y honda
quizá tuviera un alma triste
como mi alma
poca cosa
quizá aprendiera con el tiempo
a desplegarse
a usar el mundo
pero los niños que así vienen
muertos de amor
muertos de miedo
tienen tan grande el corazón
que se destruyen sin saberlo
vos lo dijiste
nuestro amor
fue desde siempre un niño muerto
y qué verdad dura y sin sombra
qué verdad fácil y qué pena
yo imaginaba que era un niño
y era tan sólo un niño muerto
ahora qué queda

sólo queda
medir la fe y que recordemos
lo que pudimos haber sido
para él
que no pudo ser nuestro
qué más
acaso cuando llegue
un veintitrés de abril y abismo
vos donde estés
llevale flores
que yo también iré contigo.

No sé si alguna vez les ha pasado a ustedes
pero el Jardín Botánico es un parque dormido
que sólo se despierta con la lluvia.

Ahora la última nube ha resuelto quedarse
y nos está mojando como a alegres mendigos.

El secreto está en correr con precauciones
a fin de no matar ningún escarabajo
y no pisar los hongos que aprovechan
para nacer desesperadamente.

Sin prevenciones me doy vuelta y siguen
aquellos dos a la izquierda del roble
eternos y escondidos en la lluvia
diciéndose quién sabe qué silencios.

No sé si alguna vez les ha pasado a ustedes
pero cuando la lluvia cae sobre el Botánico
aquí se quedan sólo los fantasmas.
Ustedes pueden irse.
Yo me quedo.

Corazón coraza

Porque te tengo y no
porque te pienso
porque la noche está de ojos abiertos
porque la noche pasa y digo amor
porque has venido a recoger tu imagen
y eres mejor que todas tus imágenes
porque eres linda desde el pie hasta el alma
porque eres buena desde el alma a mí
porque te escondes dulce en el orgullo
pequeña y dulce
corazón coraza

porque eres mía
porque no eres mía
porque te miro y muero
y peor que muero
si no te miro amor
si no te miro

porque tú siempre existes dondequiera
pero existes mejor donde te quiero
porque tu boca es sangre

y tienes frío
tengo que amarte amor
tengo que amarte
aunque esta herida duela como dos
aunque te busque y no te encuentre
y aunque
la noche pase y yo te tenga
y no.

Todo el instante

Varón urgente
hembra repentina

no pierdan tiempo
quiéranse

dejen todo en el beso
palpen la carne nueva
gasten el coito único
destrúyanse

sabiendo

que el tiempo pasará
que está pasando

que ya ha pasado para
los dos
urgente viejo
anciana repentina.

Arco iris

A veces
por supuesto
usted sonríe
y no importa lo linda
o lo fea
lo vieja
o lo joven
lo mucho
o lo poco
que usted realmente
sea

sonríe
cual si fuese
una revelación
y su sonrisa anula
todas las anteriores
caducan al instante
sus rostros como máscaras
sus ojos duros
frágiles
como espejos en óvalo

su boca de morder
su mentón de capricho
sus pómulos fragantes
sus párpados
su miedo

sonríe
y usted nace
asume el mundo
mira
sin mirar
indefensa
desnuda
transparente

y a lo mejor
si la sonrisa viene
de muy
de muy adentro
usted puede llorar
sencillamente
sin desgarrarse
sin desesperarse
sin convocar la muerte
ni sentirse vacía

llorar
sólo llorar
entonces su sonrisa
si todavía existe
se vuelve un arco iris.

Luna congelada

Con esta soledad
alevosa
tranquila

con esta soledad
de sagradas goteras
de lejanos aullidos
de monstruoso silencio
de recuerdos al firme
de luna congelada
de noche para otros
de ojos bien abiertos

con esta soledad
inservible
vacía

se puede algunas veces
entender
el amor.

Canje

Es importante hacerlo

quiero que me relates
tu último optimismo
yo te ofrezco mi última
confianza

aunque sea un trueque
mínimo

debemos cotejarnos
estás sola
estoy solo
por algo somos prójimos

la soledad también
puede ser
        una llama.

Muerte de Soledad Barrett

Viviste aquí por meses o por años
trazaste aquí una recta de melancolía
que atravesó las vidas y las calles

hace diez años tu adolescencia fue noticia
te tajearon los muslos porque no quisiste
gritar viva hitler ni abajo fidel

eran otros tiempos y otros escuadrones
pero aquellos tatuajes llenaron de asombro
a cierto uruguay que vivía en la luna

y claro entonces no podías saber
que de algún modo eras
la prehistoria de ibero

ahora acribillaron en recife
tus veintisiete años
de amor templado y pena clandestina

quizá nunca se sepa cómo ni por qué

los cables dicen que te resististe
y no habrá más remedio que creerlo
porque lo cierto es que te resistías
con sólo colocárteles enfrente
sólo mirarlos
sólo sonreír
sólo cantar cielitos cara al cielo

con tu imagen segura
con tu pinta muchacha
pudiste ser modelo
actriz
miss paraguay
carátula
almanaque
quién sabe cuántas cosas

pero el abuelo rafael el viejo anarco
te tironeaba fuertemente la sangre
y vos sentías callada esos tirones

soledad no viviste en soledad
por eso tu vida no se borra
simplemente se colma de señales

soledad no moriste en soledad
por eso tu muerte no se llora
simplemente la izamos en el aire

desde ahora la nostalgia será
un viento fiel que hará flamear tu muerte
para que así aparezcan ejemplares y nítidas
las franjas de tu vida

ignoro si estarías
de minifalda o quizá de vaqueros
cuando la ráfaga de pernambuco
acabó con tus sueños completos

por lo menos no habrá sido fácil
cerrar tus grandes ojos claros
tus ojos donde la mejor violencia
se permitía razonables treguas
para volverse increíble bondad

y aunque por fin los hayan clausurado
es probable que aún sigas mirando
soledad compatriota de tres o cuatro pueblos
el limpio futuro por el que vivías
y por el que nunca te negaste a morir.

La secretaria ideal

Yo soy la secretaria
ideal.

Mi jefe es elegante,
mi jefe es tan discreto,
es alto, distinguido,
es un jefe completo.

Cuando viene y me ordena:
«una copia textual»,
yo soy la secretaria
ideal.

Mi jefe tiene esposa,
dos hijos y tres criadas.
La esposa por lo menos
no lo comprende nada.

Cuando él viene y me dice:
«somos tal para cual»,
yo soy la secretaria
ideal.

Mi jefe tiene un mustang
y algún apartamento
donde vamos a veces
yo y su remordimiento.

Entonces lo conformo:
«es pecado venial»,
yo soy la secretaria
ideal.

Mi jefe se comporta
como un tipo maduro,
la panza disimula
cuando viste de oscuro.

Y si bosteza y dice:
«hoy no, me siento mal»,
yo soy la secretaria
ideal.

Cuando se va mi jefe,
mi jefe ese hombre viejo,
yo me desarmo y quedo
sola frente al espejo.

Y a mí misma me digo
el cansado ritual:
«Yo soy la secretaria
ideal».

Vas y venís

A Luz

De carrasco a aeroparque y viceversa
vas y venís con libros y bufandas
y encargos y propósitos y besos

tenés gusto a paisito en las mejillas
y una fe contagiosa en el augurio

vas y venís como un péndulo cuerdo
como un comisionista de esperanzas
o como una azafata voluntaria
tan habituada estás a los arribos
y a las partidas un poquito menos

quién iba a imaginar cuando empezábamos
la buena historia hace veintiocho años
que en un apartamento camarote
donde no llega el sol pero vos sí
íbamos a canjear noticia por noticia
sin impaciencia ya   como quien suma

y cuando te dormís y yo sigo leyendo
entre cuatro paredes algo ocurre

estás aquí dormida y sin embargo
me siento acompañado como nunca.

Ustedes y nosotros

Ustedes cuando aman
exigen bienestar
una cama de cedro
y un colchón especial

nosotros cuando amamos
es fácil de arreglar
con sábanas qué bueno
sin sábanas da igual

ustedes cuando aman
calculan interés
y cuando se desaman
calculan otra vez

nosotros cuando amamos
es como renacer
y si nos desamamos
no la pasamos bien

ustedes cuando aman
son de otra magnitud

hay fotos chismes prensa
y el amor es un boom

nosotros cuando amamos
es un amor común
tan simple y tan sabroso
como tener salud

ustedes cuando aman
consultan el reloj
porque el tiempo que pierden
vale medio millón

nosotros cuando amamos
sin prisa y con fervor
gozamos y nos sale
barata la función

ustedes cuando aman
al analista van
él es quien dictamina
si lo hacen bien o mal

nosotros cuando amamos
sin tanta cortedad
el subconsciente piola
se pone a disfrutar

ustedes cuando aman
exigen bienestar

una cama de cedro
y un colchón especial

nosotros cuando amamos
es fácil de arreglar
con sábanas qué bueno
sin sábanas da igual.

Todavía

No lo creo todavía
estás llegando a mi lado
y la noche es un puñado
de estrellas y de alegría

palpo gusto escucho y veo
tu rostro tu paso largo
tus manos y sin embargo
todavía no lo creo

tu regreso tiene tanto
que ver contigo y conmigo
que por cábala lo digo
y por las dudas lo canto

nadie nunca te reemplaza
y las cosas más triviales
se vuelven fundamentales
porque estás llegando a casa

sin embargo todavía
dudo de esta buena suerte

porque el cielo de tenerte
me parece fantasía

pero venís y es seguro
y venís con tu mirada
y por eso tu llegada
hace mágico el futuro

y aunque no siempre he entendido
mis culpas y mis fracasos
en cambio sé que en tus brazos
el mundo tiene sentido

y si beso la osadía
y el misterio de tus labios
no habrá dudas ni resabios
te querré más
                        todavía.

Te quiero

Tus manos son mi caricia
mis acordes cotidianos
te quiero porque tus manos
trabajan por la justicia

      si te quiero es porque sos
      mi amor mi cómplice y todo
      y en la calle codo a codo
      somos mucho más que dos

tus ojos son mi conjuro
contra la mala jornada
te quiero por tu mirada
que mira y siembra futuro

tu boca que es tuya y mía
tu boca no se equivoca
te quiero porque tu boca
sabe gritar rebeldía

      si te quiero es porque sos
      mi amor mi cómplice y todo

y en la calle codo a codo
somos mucho más que dos

y por tu rostro sincero
y tu paso vagabundo
y tu llanto por el mundo
porque sos pueblo te quiero

y porque amor no es aureola
ni cándida moraleja
y porque somos pareja
que sabe que no está sola

te quiero en mi paraíso
es decir que en mi país
la gente viva feliz
aunque no tenga permiso

si te quiero es porque sos
mi amor mi cómplice y todo
y en la calle codo a codo
somos mucho más que dos.

Rostro de vos

Tengo una soledad
tan concurrida
tan llena de nostalgias
y de rostros de vos
de adioses hace tiempo
y besos bienvenidos
de primeras de cambio
y de último vagón

tengo una soledad
tan concurrida
que puedo organizarla
como una procesión
por colores
tamaños
y promesas
por época
por tacto
y por sabor

sin un temblor de más
me abrazo a tus ausencias

que asisten y me asisten
con mi rostro de vos

estoy lleno de sombras
de noches y deseos
de risas y de alguna
maldición

mis huéspedes concurren
concurren como sueños
con sus rencores nuevos
su falta de candor
yo les pongo una escoba
tras la puerta
porque quiero estar solo
con mi rostro de vos

pero el rostro de vos
mira a otra parte
con sus ojos de amor
que ya no aman
como víveres
que buscan a su hambre
miran y miran
y apagan mi jornada

las paredes se van
queda la noche
las nostalgias se van
no queda nada

ya mi rostro de vos
cierra los ojos

y es una soledad
tan desolada.

No te salves

No te quedes inmóvil
al borde del camino
no congeles el júbilo
no quieras con desgana
no te salves ahora
ni nunca
        no te salves
no te llenes de calma
no reserves del mundo
sólo un rincón tranquilo
no dejes caer los párpados
pesados como juicios
no te quedes sin labios
no te duermas sin sueño
no te pienses sin sangre
no te juzgues sin tiempo

pero si
        pese a todo
no puedes evitarlo
y congelas el júbilo
y quieres con desgana

y te salvas ahora
y te llenas de calma
y reservas del mundo
sólo un rincón tranquilo
y dejas caer los párpados
pesados como juicios
y te secas sin labios
y te duermes sin sueño
y te piensas sin sangre
y te juzgas sin tiempo
y te quedas inmóvil
al borde del camino
y te salvas
        entonces
no te quedes conmigo.

Intimidad

Soñamos juntos
juntos despertamos
el tiempo hace o deshace
mientras tanto

no le importan tu sueño
ni mi sueño
somos torpes
o demasiado cautos

pensamos que no cae
esa gaviota
creemos que es eterno
este conjuro
que la batalla es nuestra
o de ninguno

juntos vivimos
sucumbimos juntos
pero esa destrucción
es una broma
un detalle una ráfaga

un vestigio
un abrirse y cerrarse
el paraíso

ya nuestra intimidad
es tan inmensa
que la muerte la esconde
en su vacío

quiero que me relates
el duelo que te callas

por mi parte te ofrezco
mi última confianza

estás sola
estoy solo
pero a veces
puede la soledad
ser
    una llama.

Hagamos un trato

Cuando sientas tu herida sangrar
cuando sientas tu voz sollozar
cuenta conmigo.
(de una canción de CARLOS PUEBLA)

Compañera
usted sabe
que puede contar
conmigo
no hasta dos
o hasta diez
sino contar
conmigo

si alguna vez
advierte
que la miro a los ojos
y una veta de amor
reconoce en los míos
no alerte sus fusiles
ni piense qué delirio
a pesar de la veta
o tal vez porque existe

usted puede contar
conmigo

si otras veces
me encuentra
huraño sin motivo
no piense qué flojera
igual puede contar
conmigo

pero hagamos un trato
yo quisiera contar
con usted
                es tan lindo
saber que usted existe
uno se siente vivo
y cuando digo esto
quiero decir contar
aunque sea hasta dos
aunque sea hasta cinco
no ya para que acuda
presurosa en mi auxilio
sino para saber
a ciencia cierta
que usted sabe que puede
contar conmigo.

Chau número tres

Te dejo con tu vida
tu trabajo
tu gente
con tus puestas de sol
y tus amaneceres

sembrando tu confianza
te dejo junto al mundo
derrotando imposibles
segura sin seguro

te dejo frente al mar
descifrándote a solas
sin mi pregunta a ciegas
sin mi respuesta rota

te dejo sin mis dudas
pobres y malheridas
sin mis inmadureces
sin mi veteranía

pero tampoco creas
a pie juntillas todo

no creas nunca creas
este falso abandono

estaré donde menos
lo esperes
por ejemplo
en un árbol añoso
de oscuros cabeceos

estaré en un lejano
horizonte sin horas
en la huella del tacto
en tu sombra y mi sombra

estaré repartido
en cuatro o cinco pibes
de esos que vos mirás
y enseguida te siguen

y ojalá pueda estar
de tu sueño en la red
esperando tus ojos
y mirandoté.

Estados de ánimo

A veces me siento
como un águila en el aire.
(de una canción de PABLO MILANÉS)

Unas veces me siento
como pobre colina
y otras como montaña
de cumbres repetidas

unas veces me siento
como un acantilado
y en otras como un cielo
azul pero lejano

A veces uno es
manantial entre rocas
y otras veces un árbol
con las últimas hojas

pero hoy me siento apenas
como laguna insomne
con un embarcadero
ya sin embarcaciones

una laguna verde
inmóvil y paciente
conforme con sus algas
sus musgos y sus peces

sereno en mi confianza
confiado en que una tarde
te acerques y te mires
te mires al mirarme.

Soledades

Ellos tienen razón
esa felicidad
al menos con mayúscula
                              no existe
ah pero si existiera con minúscula
sería semejante a nuestra breve
                              presoledad

después de la alegría viene la soledad
después de la plenitud viene la soledad
después del amor viene la soledad

ya sé que es una pobre deformación
pero lo cierto es que en ese durable minuto
uno se siente
                    solo en el mundo
sin asideros
sin pretextos
sin abrazos
sin rencores
sin las cosas que unen o separan

y en esa sola manera de estar solo
ni siquiera uno se apiada de uno mismo

los datos objetivos son como sigue

hay diez centímetros de silencio
      entre tus manos y mis manos
una frontera de palabras no dichas
      entre tus labios y mis labios
y algo que brilla así de triste
      entre tus ojos y mis ojos

claro que la soledad no viene sola

si se mira por sobre el hombro mustio
de nuestras soledades
se verá un largo y compacto imposible
un sencillo respeto por terceros o cuartos
ese percance de ser buenagente

después de la alegría
después de la plenitud
después del amor
                viene la soledad

conforme
        pero
qué vendrá después
de la soledad

a veces no me siento
                    tan solo
si imagino
mejor dicho si sé
que más allá de mi soledad
                        y de la tuya
otra vez estás vos
aunque sea preguntándote a solas
qué vendrá después
                    de la soledad.

Cuerpo docente

Bien sabía él que la iba a echar de menos
pero no hasta qué punto iba a sentirse deshabitado
no ya como un veterano de la nostalgia
sino como un mero aprendiz de la soledad

es claro que la civilizada preventiva cordura
todo lo entiende y sabe que un holocausto
puede ser ardua pero real prueba de amor
si no hay permiso para lo imposible

en cambio al cuerpo
como no es razonable sino delirante
al pobrecito cuerpo
que no es circunspecto sino imprudente
no le van ni le vienen esos vaivenes
no le importa lo meritorio de su tristeza
sino sencillamente su tristeza

al despoblado desértico desvalido cuerpo
le importa el cuerpo ausente   o sea le importa
el despoblado desértico desvalido cuerpo ausente
y si bien el recuerdo enumera con fidelidad

los datos más recientes o más nobles
no por eso los suple o los reemplaza
más bien le nutre el desconsuelo

bien sabía él que la iba a echar de menos
lo que no sabía era hasta qué punto
su propio cuerpo iba a renegar de la cordura

y sin embargo cuando fue capaz
de entender esa dulce blasfemia
supo también que su cuerpo era
su único y genuino portavoz.

Apenas y a penas

Pensó
      ojalá que no
pero esta vez acaso sea la última

con el deseo más tierno que otras noches
tentó las piernas de la mujer nueva
      que afortunadamente no eran de carrara
posó toda su palma sobre la hierbabuena
      y sintió que su mano agradecía
viajó moroso y sabio por el vientre
      se conmovió con valles y colinas
se demoró en el flanco y su hondonada
      que siempre era su premio bienvenido
anduvo por los pechos eligiendo al azar
      y allí se quedó un rato descifrando
con el pulgar y el índice reconoció los labios
      que afortunadamente no eran de coral
y deslizó una mano por debajo del cuello
      que afortunadamente no era de alabastro

pensó
      ojalá que no
pero puede ser la última

y si después de todo
es la última vez

entonces cómo   cómo haré mañana
de dónde sacaré la fuerza y el olvido
para tomar distancia de esta orografía
de esta comarca en paz
de esta patria ganada
        apenas y a penas
        a tiempo y a dulzura
        a ráfagas de amor.

La otra copa del brindis

Al principio ella fue una serena conflagración
un rostro que no fingía ni siquiera su belleza
unas manos que de a poco inventaban un lenguaje
una piel memorable y convicta
una mirada limpia   sin traiciones
una voz que caldeaba la risa
unos labios nupciales
un brindis

es increíble pero a pesar de todo
él tuvo tiempo para decirse
qué sencillo   y también
no importa que el futuro
           sea una oscura maleza

la manera tan poco suntuaria
que escogieron sus mutuas tentaciones
fue un estupor alegre
sin culpa ni disculpa

él se sintió optimista
                    nutrido
                         renovado

tan lejos del sollozo y la nostalgia
tan cómodo en su sangre y en la de ella
tan vivo sobre el vértice de musgo
tan hallado en la espera
que después del amor salió a la noche
sin luna y no importaba
sin gente y no importaba
sin dios y no importaba
a desmontar la anécdota
a componer la euforia
a recoger su parte del botín

mas su mitad de amor
                              se negó a ser mitad
y de pronto él sintió
que sin ella sus brazos estaban tan vacíos
que sin ella sus ojos no tenían qué mirar
que sin ella su cuerpo de ningún modo era
        la otra copa del brindis

y de nuevo se dijo
qué sencillo
                pero ahora
lamentó que el futuro fuera oscura maleza

sólo entonces pensó en ella
                              eligiéndola
y sin dolor   sin desesperaciones

sin angustia y sin miedo
dócilmente empezó
               como otras noches
                       a necesitarla.

Los formales y el frío

Quién iba a prever que el amor   ese informal
se dedicara a ellos   tan formales

mientras almorzaban por primera vez
ella muy lenta y él no tanto
y hablaban con sospechosa objetividad
de grandes temas en dos volúmenes
su sonrisa   la de ella
era como un augurio o una fábula
su mirada   la de él   tomaba nota
de cómo eran sus ojos   los de ella
pero sus palabras   las de él
no se enteraban de esa dulce encuesta

como siempre   o como casi siempre
la política condujo a la cultura
así que por la noche concurrieron al teatro
sin tocarse una uña o un ojal
ni siquiera una hebilla o una manga
y como a la salida hacía bastante frío
y ella no tenía medias
sólo sandalias por las que asomaban

unos dedos muy blancos e indefensos
fue preciso meterse en un boliche

y ya que el mozo demoraba tanto
ellos optaron por la confidencia
extra seca y sin hielo por favor

cuando llegaron a su casa   la de ella
ya el frío estaba en sus labios   los de él
de modo que ella   fábula y augurio
le dio refugio y café instantáneos

una hora apenas de biografía y nostalgias
hasta que al fin sobrevino un silencio
como se sabe en estos casos es bravo
decir algo que realmente no sobre

él probó   sólo falta que me quede a dormir
y ella probó   por qué no te quedás
y él   no me lo digas dos veces
y ella   bueno por qué no te quedás

de manera que él se quedó   en principio
a besar sin usura sus pies fríos   los de ella
después ella besó sus labios   los de él
que a esa altura ya no estaban tan fríos
y sucesivamente así
                   mientras los grandes temas
dormían el sueño que ellos no durmieron.

Bienvenida

Se me ocurre que vas a llegar distinta
no exactamente más linda
ni más fuerte
　　　　　　　ni más dócil
　　　　　　　　　　　　ni más cauta
tan sólo que vas a llegar distinta
como si esta temporada de no verme
te hubiera sorprendido a vos también
quizá porque sabés
cómo te pienso y te enumero

después de todo la nostalgia existe
aunque no lloremos en los andenes fantasmales
ni sobre las almohadas de candor
ni bajo el cielo opaco

yo nostalgio
tú nostalgias
y cómo me revienta que él nostalgie

tu rostro es la vanguardia
tal vez llega primero

porque lo pinto en las paredes
con trazos invisibles y seguros

no olvides que tu rostro
me mira como pueblo
sonríe y rabia y canta
como pueblo
y eso te da una lumbre
                    inapagable

ahora no tengo dudas
vas a llegar distinta y con señales
con nuevas
            con hondura
                        con franqueza

sé que voy a quererte   sin preguntas
sé que vas a quererme   sin respuestas.

Como siempre

Aunque hoy cumplas
            trescientos treinta y seis meses
la matusalénica edad no se te nota cuando
en el instante en que vencen los crueles
entrás a averiguar la alegría del mundo
y mucho menos todavía se te nota
cuando volás gaviotamente sobre las fobias
o desarbolás los nudosos rencores

buena edad para cambiar estatutos y horóscopos
para que tu manantial mane amor sin miseria
para que te enfrentes al espejo que exige
y pienses que estás linda
                            y estés linda

casi no vale la pena desearte júbilos
            y lealtades
ya que te van a rodear como ángeles o veleros

es obvio y comprensible
            que las manzanas y los jazmines
y los cuidadores de autos y los ciclistas

y las hijas de los villeros
y los cachorros extraviados
y los bichitos de san antonio
y las cajas de fósforos
te consideren una de los suyos

de modo que desearte un feliz cumpleaños
podría ser injusto con tus felices
                              cumpledías

acordate de esta ley de tu vida

si hace algún tiempo fuiste desgraciada
eso también ayuda a que hoy se afirme
tu bienaventuranza

de todos modos para vos no es novedad
que el mundo
                  y yo
                        te queremos de veras

pero yo siempre un poquito más que el mundo.

Lovers go home

Ahora que empecé el día
volviendo a tu mirada
y me encontraste bien
y te encontré más linda
ahora que por fin
está bastante claro
dónde estás y dónde

                                        estoy

sé por primera vez
que tendré fuerzas
para construir contigo
una amistad tan piola
que del vecino
territorio del amor
ese desesperado
empezarán a mirarnos
con envidia
y acabarán organizando
excursiones
para venir a preguntarnos
cómo hicimos.

Vaya uno a saber

Amiga
la calle del sol tempranero
     se transforma de pronto
     en atajo bordeado de muros vegetales
el rascacielos da la visión despiadada
     de un acantilado de poder
los colectivos pasan raudos
     como benignos rinocerontes
y en un remoto bastidor de cielo
     las nubes son sencillamente nubes

la muchacha cargada de paquetes
     es una hormiga demasiado obvia
     y en consecuencia la descarto
pero el lisiado de noble rostro
     ése sí avanza como un cangrejo
la monjita joven de mejillas ardientes
     crece como un hongo sin permiso
el hollín va siendo lentamente rocío
y el olor a petróleo se convierte en jazmín

y todo eso por qué
sencillamente porque
en la primera línea
pensé en vos
                amiga.

Credo

De pronto uno se aleja
  de las imágenes queridas
amiga
quedás frágil en el horizonte
te he dejado pensando en muchas cosas
pero ojalá pienses un poco en mí

vos sabés
en esta excursión a la muerte
  que es la vida
me siento bien acompañado
me siento casi con respuestas
cuando puedo imaginar que allá lejos
quizá creas en mi credo antes de dormirte
o te cruces conmigo en los pasillos del sueño

está demás decirte que a esta altura
no creo en predicadores ni en generales
ni en las nalgas de miss universo
ni en el arrepentimiento de los verdugos
ni en el catecismo del confort
ni en el flaco perdón de dios

a esta altura del partido
creo en los ojos y las manos del pueblo
en general
y en tus ojos y tus manos
en particular.

La culpa es de uno

Quizá fue una hecatombe de esperanzas
un derrumbe de algún modo previsto
ah pero mi tristeza sólo tuvo un sentido

todas mis intuiciones se asomaron
para verme sufrir
y por cierto me vieron

hasta aquí había hecho y rehecho
        mis trayectos contigo
hasta aquí había apostado
a inventar la verdad
pero vos encontraste la manera
        una manera tierna
        y a la vez implacable
        de desahuciar mi amor

con un solo pronóstico lo quitaste
        de los suburbios de tu vida posible
lo envolviste en nostalgias
lo cargaste por cuadras y cuadras
y despacito

sin que el aire nocturno lo advirtiera
ahí nomás lo dejaste
a solas con su suerte
        que no es mucha

creo que tenés razón
la culpa es de uno cuando no enamora
        y no de los pretextos
        ni del tiempo

hace mucho   muchísimo
que yo no me enfrentaba
como anoche al espejo
y fue implacable como vos
        mas no fue tierno

ahora estoy solo
francamente
                solo

siempre cuesta un poquito
empezar a sentirse desgraciado

antes de regresar
a mis lóbregos cuarteles de invierno

con los ojos bien secos
por si acaso

miro como te vas adentrando en la niebla
y empiezo a recordarte.

Última noción de Laura

A Ana María Picchio

Usted martín santomé no sabe
cómo querría tener yo ahora
todo el tiempo del mundo para quererlo
pero no voy a convocarlo junto a mí
ya que aun en el caso de que no estuviera
todavía   muriéndome
entonces moriría
sólo de aproximarme a su tristeza

usted martín santomé no sabe
cuánto he luchado por seguir viviendo
cómo he querido vivir para vivirlo
pero debo ser floja incitadora de vida
porque me estoy muriendo   santomé

usted claro no sabe
ya que nunca lo he dicho
ni siquiera
esas noches en que usted me descubre
con sus manos incrédulas y libres
usted no sabe cómo yo valoro
su sencillo coraje de quererme

usted martín santomé no sabe
    y sé que no lo sabe
    porque he visto sus ojos
    despejando
    la incógnita del miedo

no sabe que no es viejo
que no podría serlo
en todo caso allá usted con sus años
yo estoy segura de quererlo así

usted martín santomé no sabe
qué bien qué lindo dice
                  avellaneda
de algún modo ha inventado
mi nombre con su amor

usted es la respuesta que yo esperaba
a una pregunta que nunca he formulado
usted es mi hombre
    y yo la que abandono
usted es mi hombre
    y yo la que flaqueo

usted martín santomé no sabe
al menos no lo sabe en esta espera
qué triste es ver cerrarse la alegría
sin previo aviso
            de un brutal portazo

es raro
pero siento
        que me voy alejando
de usted y de mí
que estábamos tan cerca
de mí y de usted

quizá porque vivir es eso
es estar cerca
y yo me estoy muriendo
             santomé
no sabe usted
qué oscura
      qué lejos
         qué callada

usted
martín
martín cómo era
los nombres se me caen
yo misma estoy cayendo

usted de todos modos
no sabe ni imagina
qué sola va a quedar
mi muerte
sin
su
vi
da.

Mucho más grave

Todas las parcelas de mi vida tienen algo tuyo
y eso en verdad no es nada extraordinario
vos lo sabés tan objetivamente como yo

sin embargo hay algo que quisiera aclararte
cuando digo todas las parcelas
no me refiero sólo a esto de ahora
a esto de esperarte y aleluya encontrarte
        y carajo perderte
        y volverte a encontrar
        y ojalá nada más

no me refiero sólo a que de pronto digas
        voy a llorar
y yo con un discreto nudo en la garganta
        bueno llorá
y que un lindo aguacero invisible nos ampare
y quizá por eso salga enseguida el sol

ni me refiero sólo a que día tras día
aumente el stock de nuestras pequeñas
        y decisivas complicidades

o que yo pueda   o creerme que puedo
     convertir mis reveses en victorias
o me hagas el tierno regalo
     de tu más reciente desesperación

no
la cosa es muchísimo más grave

cuando digo todas las parcelas
quiero decir que además de ese dulce cataclismo
también estás reescribiendo mi infancia
esa edad en que uno dice cosas adultas y solemnes
y los solemnes adultos las celebran
y vos en cambio sabés que eso no sirve
quiero decir que estás rearmando mi adolescencia
ese tiempo en que fui un viejo cargado de recelos
y vos sabés en cambio extraer de ese páramo
mi germen de alegría   y regarlo mirándolo

quiero decir que estás sacudiendo mi juventud
ese cántaro que nadie tomó nunca en sus manos
esa sombra que nadie arrimó a su sombra
y vos en cambio sabés estremecerla
hasta que empiecen a caer las hojas secas
y quede la armazón de mi verdad sin proezas

quiero decir que estás abrazando mi madurez
esta mezcla de estupor y experiencia
este extraño confín de angustia y nieve
esta bujía que ilumina la muerte
este precipicio de la pobre vida

como ves es más grave
muchísimo más grave
porque con éstas o con otras palabras
quiero decir que no sos   tan sólo
la querida muchacha que sos
sino también las espléndidas
          o cautelosas mujeres
          que quise o quiero

porque gracias a vos he descubierto
(dirás que ya era hora
                              y con razón)
que el amor es una bahía linda y generosa
que se ilumina y se oscurece
          según venga la vida

una bahía donde los barcos
          llegan y se van

llegan con pájaros y augurios
y se van con sirenas y nubarrones
una bahía linda y generosa
donde los barcos llegan
                              y se van

pero vos
por favor
          no te vayas.

Viceversa

Tengo miedo de verte
necesidad de verte
esperanza de verte
desazones de verte

tengo ganas de hallarte
preocupación de hallarte
certidumbre de hallarte
pobres dudas de hallarte

tengo urgencia de oírte
alegría de oírte
buena suerte de oírte
y temores de oírte

o sea
resumiendo
estoy jodido
             y radiante
quizá más lo primero
que lo segundo
y también
             viceversa.

Táctica y estrategia

Mi táctica es
               mirarte
aprender como sos
quererte como sos

mi táctica es
               hablarte
y escucharte
construir con palabras
un puente indestructible

mi táctica es
quedarme en tu recuerdo
no sé cómo   ni sé
con qué pretexto
pero quedarme en vos

mi táctica es
               ser franco
y saber que sos franca
y que no nos vendamos
simulacros

para que entre los dos
no haya telón
           ni abismos

mi estrategia es
en cambio
más profunda y más
             simple

mi estrategia es
que un día cualquiera
no sé cómo   ni sé
con qué pretexto
por fin   me necesites.

Todo lo contrario

Colecciono pronósticos
anuncios y matices
y signos
        y sospechas
                y señales

imagino proyectos de promesas
quisiera no perderme
un solo indicio

ayer
sin ir más lejos
ese ayer que empezó siendo aciago
se convirtió en buen día
a las nueve y catorce
cuando vos
inocente
dijiste así al pasar
que no hallabas factible
la pareja
la pareja de amor
naturalmente

no vacilé un segundo
me aferré a ese dictamen

porque vos y yo somos
                        la despareja.

Hombre que mira la luna

Es decir la miraba   porque ella
se ocultó tras el biombo de nubes
y todo porque muchos amantes de este mundo
le dieron sutilmente el olivo

con su brillo reticente la luna
durante siglos consiguió transformar
el vientre amor en garufa cursilínea
la injusticia terrestre en dolor lapizlázuli

cuando los amantes ricos la miraban
desde sus tedios y sus pabellones
satelizaba de lo lindo y oía
que la luna era un fenómeno cultural

pero si los amantes pobres la contemplaban
desde su ansiedad o desde sus hambrunas
entonces la menguante entornaba los ojos
porque tanta miseria no era para ella

hasta que una noche casualmente de luna
con murciélagos suaves   con fantasmas y todo

esos amantes pobres se miraron y a dúo
dijeron   no va más   al carajo selene

se fueron a la cama de sábanas gastadas
con acre olor a sexo deslunado
su camanido de crujiente vaivén

y libres para siempre de la luna lunática
fornicaron al fin como dios manda
o mejor dicho como dios sugiere.

Hombre que mira un rostro en un álbum

Hacía mucho que no encontraba a esta mujer
de la que conozco detalladamente el cuerpo
y creía conocer aproximadamente el alma

pasado no es presente
eso está claro
pero de cualquier manera hay conmemoraciones
que es bueno revivir

donde hubo fuego
caricias quedan

de pronto ella emerge del susurro evocante
y en voz alta sostiene
que los obreros entienden muy poco
que el pueblo en el fondo es más bien cobarde
que los jóvenes no van a cambiar el mundo
que la violencia bah
que la violencia ufa
que el confort lo alcanza quien lo busca

sólo entonces lo advierto
no me importa que hable en voz alta
mejor dicho no quiero que regrese al susurro

es apenas un rostro en un álbum
y ahora es fácil
                    dar vuelta la hoja.

Hombre que mira a una muchacha

Para que nunca haya malentendidos
para que nada se interponga
voy a explicarte lo que mi amor convoca

tus ojos que se caen de desconcierto
y otras veces se alzan penetrantes y tibios
tienen tanta importancia que yo mismo me asombro

tus lindas manos mágicas
que te expresan a veces mejor que las palabras
tan importantes son que no oso tocarlas
y si un día las toco es solamente
para retrasmitirte ciertas claves

tu cuerpo pendular
que duda en recibirse o entregarse
y es tan joven que enseña a pesar tuyo
es un dato del cual me faltan datos
y sin embargo ayudo a conocerlo

tus labios puestos en el entusiasmo
que dibuja palabras y promete promesas

son en tu imagen para mí los héroes
y son también el ángel enemigo

en mi amor estás toda o casi toda
me faltan cifras pero las calculo
faltan indicios pero los descubro

sin embargo en mi amor hay otras cosas
por ejemplo los sueños con que muevo la tierra
la pobre lucha que libré y libramos
los buenos odios esos que ennoblecen
el diálogo constante con mi gente
la pregunta punzante que me hicieron
las respuestas veraces que no di

en mi amor hay también corajes varios
y un miedo que a menudo los resume
hay hombres como yo que miran tras las rejas
a una muchacha que podrías ser vos

en mi amor hay faena y hay descanso
sencillas recompensas y complejos castigos
hay dos o tres mujeres que forman tu prehistoria
y hay muchos años demasiados años
de inventar alegrías y creerlas
después a pie juntillas

querría que en mi amor vieras todo eso
y que vos muchachita
con paciencia y cautela

sin herirme ni herirte
rescataras de allí la luna el río
los emblemas rituales
los proyectos de besos o de adioses
el corazón que aguarda pese a todo.

Hombre que mira a través de la niebla

Me cuesta como nunca
     nombrar los árboles y las ventanas
     y también el futuro y el dolor
el campanario está invisible y mudo
     pero si se expresara
     sus tañidos
     serían de un fantasma melancólico

la esquina pierde su ángulo filoso
nadie diría que la crueldad existe

la sangre mártir es apenas
     una pálida mancha de rencor
cómo cambian las cosas
     en la niebla

los voraces no son
     más que pobres seguros de sí mismos
los sádicos son colmos de ironía
los soberbios son proas
     de algún coraje ajeno
los humildes en cambio no se ven

pero yo sé quién es quién
        detrás de ese telón de incertidumbre
sé dónde está el abismo
        sé dónde no está dios
sé dónde está la muerte
        sé dónde no estás tú

la niebla no es olvido
        sino postergación anticipada

ojalá que la espera
        no desgaste mis sueños
ojalá que la niebla
        no llegue a mis pulmones
y que vos muchachita
        emerjas de ella
como un lindo recuerdo
        que se convierte en rostro

y yo sepa por fin
        que dejas para siempre
        la espesura de ese aire maldito
cuando tus ojos encuentren y celebren
        mi bienvenida que no tiene pausas.

Hombre que mira la tierra

Cómo querría otra suerte para esta pobre reseca
que lleva todas las artes y los oficios
en cada uno de sus terrones
y ofrece su matriz reveladora
para las semillas que quizá nunca lleguen

cómo querría que un desborde caudal
viniera a redimirla
y la empapara con su sol en hervor
o sus lunas ondeadas
y la recorriera palmo a palmo
y la entendiera palma a palma

o que descendiera la lluvia inaugurándola
y le dejara cicatrices como zanjones
y un barro oscuro y dulce
con ojos como charcos

o que en su biografía
pobre madre reseca
irrumpiera de pronto el pueblo fértil
con azadones y argumentos

y arados y sudor y buenas nuevas
y las semillas de estreno recogieran
el legado de las viejas raíces

cómo querría que se escucharan
su verde gratitud y su orgasmo nutricio
y que el alambrado recogiera sus púas
ya que por fin sería nuestra y una

cómo querría esa suerte de tierra
y que vos muchachita
entre brotes o espigas
o aliento vegetal o abejas mensajeras
te extendieras allí
mirando por primera vez las nubes
y yo tapara lentamente el cielo.

Hombre que mira el cielo

Mientras pasa la estrella fugaz
acopio en este deseo instantáneo
montones de deseos hondos y prioritarios
por ejemplo que el dolor no me apague la rabia
que la alegría no desarme mi amor
que los asesinos del pueblo se traguen
      sus molares caninos e incisivos
      y se muerdan juiciosamente el hígado
que los barrotes de las celdas
      se vuelvan de azúcar o se curven de piedad
      y mis hermanos puedan hacer de nuevo
      el amor y la revolución
que cuando enfrentemos el implacable espejo
      no maldigamos ni nos maldigamos
que los justos avancen
      aunque estén imperfectos y heridos
que avancen porfiados como castores
      solidarios como abejas
      aguerridos como jaguares
      y empuñen todos sus noes
      para instalar la gran afirmación
que la muerte pierda su asquerosa puntualidad

que cuando el corazón se salga del pecho
     pueda encontrar el camino de regreso
que la muerte pierda su asquerosa
     y brutal puntualidad
     pero si llega puntual no nos agarre
     muertos de vergüenza
que el aire vuelva a ser respirable y de todos
y que vos muchachita sigas alegre y dolorida
     poniendo en tus ojos el alma
     y tu mano en mi mano

y nada más
porque el cielo ya está de nuevo torvo
     y sin estrellas
con helicóptero y sin dios.

Bodas de perlas

A Luz

C'est quand même beau de rajeunir.
RONY LESCOUFLAIR

Después de todo qué complicado es el amor breve
y en cambio qué sencillo el largo amor
digamos que éste no precisa barricadas
contra el tiempo ni contra el destiempo
ni se enreda en fervores a plazo fijo

el amor breve aun en aquellos tramos
en que ignora su proverbial urgencia
siempre guarda o esconde o disimula
semidioses que anuncian la invasión del olvido
en cambio el largo amor no tiene cismas
ni soluciones de continuidad
más bien continuidad de soluciones

esto viene ligado a una historia la nuestra
quiero decir de mi mujer y mía
historia que hizo escala en treinta marzos
que a esta altura son como treinta puentes
como treinta provincias de la misma memoria

porque cada época de un largo amor
cada capítulo de una consecuente pareja
es una región con sus propios árboles y ecos
sus propios descampados sus tibias contraseñas

he aquí que mi mujer y yo somos lo que se llama
una pareja corriente y por tanto despareja
treinta años incluidos los ocho bisiestos
de vida en común y en extraordinario

alguien me informa que son bodas de perlas
y acaso lo sean ya que perla es secreto
y es brillo llanto fiesta hondura
y otras alegorías que aquí vienen de perlas

cuando la conocí
tenía apenas doce años y negras trenzas
y un perro atorrante
que a todos nos servía de felpudo
yo tenía catorce y ni siquiera perro
calculé mentalmente futuro y arrecifes
y supe que me estaba destinada
mejor dicho que yo era el destinado
todavía no sé cuál es la diferencia
así y todo tardé seis años en decírselo
y ella un minuto y medio en aceptarlo

pasé una temporada en buenos aires
y le escribía poemas o pancartas de amor
que ella ni siquiera comentaba en contra

y yo sin advertir la grave situación
cada vez escribía más poemas más pancartas
realmente fue una época difícil

menos mal que decidí regresar
como un novio pródigo cualquiera
el hermano tenía bicicleta
claro me la prestó y en rapto de coraje
salí en bajada por la calle almería
ah lamentablemente el regreso era en repecho

ella me estaba esperando muy atenta

cansado como un perro aunque enhiesto y altivo
bajé de aquel siniestro rodado y de pronto
me desmayé en sus brazos providenciales
y aunque no se ha repuesto aún de la sorpresa
juro que no lo hice con premeditación

por entonces su madre nos vigilaba
desde las más increíbles atalayas
yo me sentía cancerbado y miserable
delincuente casi delicuescente

claro eran otros tiempos y montevideo
era una linda ciudad provinciana
sin capital a la que referirse
y con ese trauma no hay terapia posible
eso deja huellas en las plazoletas

era tan provinciana que el presidente
andaba sin capangas y hasta sin ministros
uno podía encontrarlo en un café
o comprándose corbatas en una tienda
la prensa extranjera destacaba ese rasgo
comparándonos con suiza y costa rica

siempre estábamos llenos de exilados
así se escribía en tiempos suaves
ahora en cambio somos exiliados
pero la diferencia no reside en la i

eran bolivianos paraguayos cariocas
y sobre todo eran porteños
a nosotros nos daba mucha pena
verlos en la calle nostalgiosos y pobres
vendiéndonos recuerdos y empanadas

es claro son antiguas coyunturas
sin embargo señalo a lectores muy jóvenes
que graham bell ya había inventado el teléfono
de ahí que yo me instalara puntualmente a las seis
en la cervecería de la calle yatay
y desde allí hacía mi llamada de novio
que me llevaba como media hora

a tal punto era insólito mi lungo metraje
que ciertos parroquianos rompebolas
me gritaban cachándome al unísono
dale anclao en parís

como ven el amor era dura faena
y en algunas vergüenzas
casi industria insalubre

para colmo comí abundantísima lechuga
que nadie había desinfectado con carrel
en resumidas cuentas contraje el tifus
no exactamente el exantemático
pero igual de alarmante y podrido
me daban agua de apio y jugo de sandía
yo por las dudas me dejé la barba
e impresionaba mucho a las visitas

una tarde ella vino hasta mi casa
y tuvo un proceder no tradicional
casi diría prohibido y antihigiénico
que a mí me pareció conmovedor
besó mis labios tíficos y cuarteados
conquistándome entonces para siempre
ya que hasta ese momento no creía
que ella fuese tan tierna inconsciente y osada

de modo que no bien logré recuperar
los catorce kilos perdidos en la fiebre
me afeité la barba que no era de apóstol
sino de bichicome o de ciruja
me dediqué a ahorrar y junté dos mil mangos
cuando el dólar estaba me parece a uno ochenta

además decidimos nuestras vocaciones
quiero decir vocaciones rentables
ella se hizo aduanera y yo taquígrafo

íbamos a casarnos por la iglesia
y no tanto por dios padre y mayúsculo
como por el minúsculo jesús entre ladrones
con quien siempre me sentí solidario
pero el cura además de católico apostólico
era también romano y algo tronco
de ahí que exigiera no sé qué boleta
de bautismo o tal vez de nacimiento

si de algo estoy seguro es que he nacido
por lo tanto nos mudamos a otra iglesia
donde un simpático pastor luterano
que no jodía con los documentos
sucintamente nos casó y nosotros
dijimos sí como dándonos ánimo
y en la foto salimos espantosos

nuestra luna y su miel se llevaron a cabo
con una praxis semejante a la de hoy
ya que la humanidad ha innovado poco
en este punto realmente cardinal

fue allá por marzo del cuarenta y seis
meses después que daddy truman
conmovido generoso sensible expeditivo
convirtiera a hiroshima en ciudad cadáver
en inmóvil guiñapo en no ciudad

muy poco antes o muy poco después
en brasil adolphe berk embajador de usa
apoyaba qué raro el golpe contra vargas
en honduras las inversiones yanquis
ascendían a trescientos millones de dólares
paraguay y uruguay en intrépido ay
declaraban la guerra a alemania
sin provocar por cierto grandes conmociones
en chile allende era elegido senador
y en haití los estudiantes iban a la huelga
en martinica aimé cesaire el poeta
pasaba a ser alcalde en fort de france
en santo domingo el PCD
se transformaba en PSP
y en méxico el PRM
se transformaba en PRI
en bolivia no hubo cambios de siglas
pero faltaban tres meses solamente
para que lo colgaran a villarroel
argentina empezaba a generalizar
y casi de inmediato a coronelizar

nosotros dos nos fuimos a colonia suiza
ajenos al destino que se incubaba
ella con un chaleco verde que siempre me gustó
y yo con tres camisas blancas

en fin después hubo que trabajar
y trabajamos treinta años

al principio éramos jóvenes pero no lo sabíamos
cuando nos dimos cuenta ya no éramos jóvenes
si ahora todo parece tan remoto será
porque allí una familia era algo importante
y hoy es de una importancia reventada

cuando quisimos acordar el paisito
que había vivido una paz no ganada
empezó lentamente a trepidar
pero antes anduvimos muy campantes
por otras paces y trepidaciones
combinábamos las idas y las vueltas
la rutina nacional con la morriña allá lejos
viajamos tanto y con tantos rumbos
que nos cruzábamos con nosotros mismos
unos eran viajes de imaginación qué baratos
y otros qué lata con pasaporte y vacuna

miro nuestras fotos de venecia de innsbruck
y también de malvín
del balneario solís o el philosophenweg
estábamos estamos estaremos juntos
pero cómo ha cambiado el alrededor
no me refiero al fondo con mugrientos canales
ni al de dunas limpias y solitarias
ni al hotel chajá ni al balcón de goethe
ni al contorno de muros y enredaderas
sino a los ojos crueles que nos miran ahora

algo ocurrió en nuestra partícula de mundo
que hizo de algunos hombres maquinarias de horror
estábamos estamos estaremos juntos
pero qué rodeados de ausencias y mutaciones
qué malheridos de sangre hermana
qué enceguecidos por la hoguera maldita

ahora nuestro amor tiene como el de todos
inevitables zonas de tristeza y presagios
paréntesis de miedo incorregibles lejanías
culpas que quisiéramos inventar de una vez
para liquidarlas definitivamente

la conocida sombra de nuestros cuerpos
ya no acaba en nosotros
sigue por cualquier suelo cualquier orilla
hasta alcanzar lo real escandaloso
y lamer con lealtad los restos de silencio
que también integran nuestro largo amor

hasta las menudencias cotidianas
se vuelven gigantescos promontorios
la suma de corazón y corazón
es una suasoria paz que quema
los labios empiezan a moverse
detrás del doble cristal sordomudo
por eso estoy obligado a imaginar
lo que ella imagina y viceversa

estábamos estamos estaremos juntos
a pedazos a ratos a párpados a sueños
soledad norte más soledad sur
para tomarle una mano nada más
ese primario gesto de la pareja
debí extender mi brazo por encima
de un continente intrincado y vastísimo
y es difícil no sólo porque mi brazo es corto
siempre tienen que ajustarme las mangas
sino porque debo pasar estirándome
sobre las torres de petróleo en maracaibo
los inocentes cocodrilos del amazonas
los tiras orientales de livramento

es cierto que treinta años de oleaje
nos dan un inconfundible aire salitroso
y gracias a él nos reconocemos
por encima de acechanzas y destrucciones

la vida íntima de dos
esa historia mundial en livre de poche
es tal vez un cantar de los cantares
más el eclesiastés y sin apocalipsis
una extraña geografía con torrentes
ensenadas praderas y calmas chichas

no podemos quejarnos
en treinta años la vida
nos ha llevado recio y traído suave
nos ha tenido tan pero tan ocupados

que siempre nos deja algo para descubrirnos
a veces nos separa y nos necesitamos
cuando uno necesita se siente vivo
entonces nos acerca y nos necesitamos

es bueno tener a mi mujer aquí
aunque estemos silenciosos y sin mirarnos
ella leyendo su séptimo círculo
y adivinando siempre quién es el asesino
yo escuchando noticias de onda corta
con el auricular para no molestarla
y sabiendo también quién es el asesino

la vida de pareja en treinta años
es una colección inimitable
de tangos diccionarios angustias mejorías
aeropuertos camas recompensas condenas
pero siempre hay un llanto finísimo
casi un hilo que nos atraviesa
y va enhebrando una estación con otra
borda aplazamientos y triunfos
le cose los botones al desorden
y hasta remienda melancolías

siempre hay un finísimo llanto un placer
que a veces ni siquiera tiene lágrimas
y es la parábola de esta historia mixta
la vida a cuatro manos el desvelo
o la alegría en que nos apoyamos
cada vez más seguros casi como

dos equilibristas sobre su alambre
de otro modo no habríamos llegado a saber
qué significa el brindis que ahora sigue
y que lógicamente no vamos a hacer público.

23 de marzo de 1976

Semántica práctica

Sabemos que el alma como principio de la vida
es una caduca concepción religiosa e idealista
pero que en cambio tiene vigencia en su acepción
    segunda
o sea hueco del cañón de las armas de fuego

hay que reconocer empero que el lenguaje popular
    no está rigurosamente al día
y que cuando el mismo estudiante que leyó en
    konstantinov
    que la idea del alma es fantástica e ingenua
besa los labios ingenuos y fantásticos de la compañerita
    que no conoce la acepción segunda
y a pesar de ello le dice te quiero con toda el alma
es obvio que no intenta sugerir que la quiere
    con todo el hueco del cañón.

Nuevo canal interoceánico

Te propongo construir
un nuevo canal
sin esclusas
ni excusas
que comunique por fin
tu mirada
atlántica
con mi natural
pacífico.

Cronoterapia bilingüe

Si un muchacho lee mis poemas
me siento joven por un rato

en cambio cuando es
una muchacha quien los lee
quisiera que el tictac
se convirtiera en un tactic
o mejor dicho en *une tactique.*

Once

Ningún padre de la iglesia
ha sabido explicar
por qué no existe
un mandamiento once
que ordene a la mujer
no codiciar al hombre
de su prójima.

Madrigal en cassette

Ahora que apretaste
la tecla *play*
me atreveré a decirte
lo que nunca
osaría proponerte
cara a cara

que oprimas de una vez
la tecla *stop*

Intensidad

Quien
pecho
abarca
loco
aprieta

Una mujer desnuda y en lo oscuro

Una mujer desnuda y en lo oscuro
tiene una claridad que nos alumbra
de modo que si ocurre un desconsuelo
un apagón o una noche sin luna
es conveniente y hasta imprescindible
tener a mano una mujer desnuda

una mujer desnuda y en lo oscuro
genera un resplandor que da confianza
entonces domínguea el almanaque
vibran en su rincón las telarañas
y los ojos felices y felinos
miran y de mirar nunca se cansan

una mujer desnuda y en lo oscuro
es una vocación para las manos
para los labios es casi un destino
y para el corazón un despilfarro
una mujer desnuda es un enigma
y siempre es una fiesta descifrarlo

una mujer desnuda y en lo oscuro
genera una luz propia y nos enciende
el cielo raso se convierte en cielo
y es una gloria no ser inocente
una mujer querida o vislumbrada
desbarata por una vez la muerte.

Incitación

En el muro quedaron los tatuajes del juego
el tiempo me conmina pero no me doblego
siento a pesar de todo frutal desasosiego
y el código de agobios lo dejo para luego

antes de que el crepúsculo en noche se convierta
y se duerma la calle y se entorne la puerta
a solas con mi pobre madurez inexperta
quiero que mi demanda se encuentre con tu oferta

no es bueno que la astucia me busque a la deriva
como si el amor fuera sólo una tentativa
y ya que ahora asombras a mi alma votiva
confío en que asombrado tu cuerpo me reciba

nos consta que el presente es breve y es impuro
pero cuando los torsos celebren su conjuro
y llamen nuestros ojos cual brasas en lo oscuro
sólo entonces sabremos cómo será el futuro

aspiro a que tu suerte de nuevo me rescate
del frío y de la sombra   del tedio y el combate

la gloria nos espera sola en su escaparate
mientras tú y yo probamos la sal y el disparate

sola en su desafío nos espera la gloria
y con su habilidad veterana y suasoria
entre nosotros borra la línea divisoria
y nuestros pies se buscan para empezar la historia.

Yo estaba en otro borde

A Haydée
in memoriam
cinco años después

Yo estaba en otro borde del océano
en palma de mallorca para ser preciso
en la plaza gomila ésa buscada
por los *marines* yanquis
tan borrachitos siempre
y por turistas suecos y franceses
ingleses holandeses alemanes
y hasta por mallorquines

en mi balcón entraba una porción de calle
con sus putas de carne
y sus hombres de hueso
y según a qué hora
con luces de neón y mansa fábula
y hasta una *bailaora* triste de pacotilla
que anhelante bordaba su agonía febril
sin que ningún piadoso la aplaudiera o mirara

por entonces yo había comenzado
mi duro aprendizaje de españa y me sentía

al garete o al margen
sin otra conjetura o barricada
que mi desasosiego de ultramar
sin más futuro que el de mis azares
sin otra garantía que la de mi resuello

yo estaba en otro borde
sin buenos aires ni montevideo
sin la habana ni méxico
sin quito ni managua
exactamente en la plaza gomila
frente a otro de mis varios telones del exilio

me agradaba el castillo de bellver en el fondo
y como diversión estaba el ovni
que en los atardeceres nos dejaba
huellas y guiños cómplices y dudas
realmente me gustaba la escenografía
sin entusiasmo pero me gustaba
aunque no me entendiera con los sordos
protagonistas ni con los comparsas

durante el largo día
miraba con el hígado y los bronquios
las uñas y el estómago
y con mis cataratas remendadas

el cielo era de venas azules y finísimas
y las casas tan blancas
con sus enredaderas colgantes y geranios
cual si hubieran nacido ayer o hace dos siglos

en cambio por la noche
miraba con mis hombros y mis labios
mis riñones mis tímpanos mi páncreas
siempre con mis leales cataratas
aunque ahora no tan encandiladas
yo estaba en otro borde
cuando aulló tres socorros el teléfono
y una voz titubeante y remotísima
dijo ayer murió haydée
y volvió a repetirlo
tal vez no tanto para persuadirme
como para de veras persuadirse

ayer murió haydée
dijo en el desconcierto de mi oído
hace cinco años y en aquella plaza
escuchar la noticia era difícil
imposible ligar esa brutal ausencia
con catorce o quince años de presencia
en mi suerte y en mi vida de a pie
haydée abrecaminos sin camino
haydée mi socia de asma sin su asma
haydée sin esa casa sin su américa
haydée sin el amparo ni la flecha del sol

volví al balcón y fue de noche
no sé por qué de pronto fue de noche
ya no quedaban luces ni fragores
ni bares ni nightclubs ni discotecas

ni las hembras de carne
ni los hombres de hueso
todos habían desaparecido
o acaso se llamaran
a silencio y tiniebla
los suecos y franceses
ingleses y holandeses y alemanes
todos habían desaparecido
y los *marines* antes que ninguno
ya no estaba el castillo de bellver
ni tampoco las casas blancas ni los geranios
ni las enredaderas que colgaban
desde hacía dos siglos o una víspera

en cambio había un malecón de olas
arrolladoras breves y gigantes
olas que no eran del mediterráneo
también había un campo de deportes
fornido de estudiantes
en blanco en negro y en mulato

y más acá muros con cuadros
de venezuela méxico brasil
chile uruguay colombia costa rica
y una arpillera de violeta parra
y dos o tres imágenes argentinas del che
y dondequiera rostros llorando sin escándalo
en esa pobre casa
la casa sin haydée

yo estaba en otro borde
pero esa noche aunque era mediodía
adiviné una nueva provincia de la muerte
y hasta un desconocido formato del amor

sólo en nuestros países tan hogueras
podemos concedernos el dramático lujo
de recibir intacto de la historia
un personaje único encendido de ideas
de inocencia perdones heroísmo
suelta de mariposas y de manos tendidas
al semejante y al desemejante
y consuelos y abismos y tizones
y delirios coraje sufrimiento
y ensueños y bondad

es increíble
pero así sucede
en nuestros pueblos de dolor y olvido
solemos darnos el terrible lujo
de recibir herido de la historia
un indómito y limpio personaje de fuego
y no lograr siquiera
ni acaso merecer
que no se apague

haydée murió es verdad
alguien lo había alojado para siempre
en mi cabeza incrédula

miré hacia arriba a nadie
y sin embargo supe que después
cuando volviese el día
las venas de este cielo
azules y finísimas
se abrirían en lluvia
copiosa
inconsolable.

La madre ahora

Doce años atrás
cuando tuve que irme
dejé a mi madre junto a su ventana
mirando la avenida

ahora la recobro
sólo con un bastón de diferencia

en doce años transcurrieron
ante su ventanal algunas cosas
desfiles y redadas
fugas estudiantiles
muchedumbres
puños rabiosos
y gases de lágrimas
provocaciones
tiros lejos
festejos oficiales
banderas clandestinas
vivas recuperados

después de doce años
mi madre sigue en su ventana
mirando la avenida

o acaso no la mira
sólo repasa sus adentros
no sé si de reojo o de hito en hito
sin pestañear siquiera

páginas sepias de obsesiones
con un padrastro que le hacía
enderezar clavos y clavos
o con mi abuela la francesa
que destilaba sortilegios
o con su hermano el insociable
que nunca quiso trabajar

tantos rodeos me imagino
cuando fue jefa en una tienda
cuando hizo ropa para niños
y unos conejos de colores
que todo el mundo le elogiaba

mi hermano enfermo o yo con tifus
mi padre bueno y derrotado
por tres o cuatro embustes
pero sonriente y luminoso
cuando la fuente era de ñoquis

ella repasa sus adentros
ochenta y siete años de grises
sigue pensando distraída
y algún acento de ternura
se le ha escapado como un hilo
que no se encuentra con su aguja

cómo quisiera comprenderla
cuando la veo igual que antes
desperdiciando la avenida
pero a esta altura qué otra cosa
puedo hacer yo que divertirla
con cuentos ciertos o inventados
comprarle una tele nueva
o alcanzarle su bastón.

Cada ciudad puede ser otra

Los amorosos son los que abandonan,
son los que cambian, los que olvidan.

JAIME SABINES

Cada ciudad puede ser otra
cuando el amor la transfigura
cada ciudad puede ser tantas
como amorosos la recorren

el amor pasa por los parques
casi sin verlos pero amándolos
entre la fiesta de los pájaros
y la homilía de los pinos

cada ciudad puede ser otra
cuando el amor pinta los muros
y de los rostros que atardecen
uno es el rostro del amor

el amor viene y va y regresa
y la ciudad es el testigo
de sus abrazos y crepúsculos
de sus bonanzas y aguaceros

y si el amor se va y no vuelve
la ciudad carga con su otoño
ya que le quedan sólo el duelo
y las estatuas del amor.

Informe sobre caricias

1

La caricia es un lenguaje
si tus caricias me hablan
no quisiera que se callen

2

La caricia no es la copia
de otra caricia lejana
es una nueva versión
casi siempre mejorada

3

Es la fiesta de la piel
la caricia mientras dura
y cuando se aleja deja
sin amparo a la lujuria

4

Las caricias de los sueños
que son prodigio y encanto
adolecen de un defecto
    no tienen tacto

5

Como aventura y enigma
la caricia empieza antes
de convertirse en caricia

6

Es claro que lo mejor
no es la caricia en sí misma
sino su continuación.

Medios de comunicación

No es preciso que sea mensajera /
la paloma sencilla en tu ventana
te informa que el dolor
empieza a columpiarse en el olvido

y llego desde mí para decirte
que están el río el girasol la estrella
rodando sin apuro /
el futuro se acerca a conocerte

ya lo sabes / sin tropos ni bengalas
la traducción mejor es boca a boca
en el beso bilingüe
van circulando dulces las noticias.

Epigrama

Como esplende un sesentón cuando logra vencer por dos
   pulgadas al bisoño que intentó conseguir el único
   asiento libre

como bienquiere el contribuyente silvestre a la cajera
   número cuatro en el momento de enfrentarla tras dos
   horas de cola

como acoge el deudor la noticia de que ha fallecido su
   acreedor más implacable

como suele compungirse la buena gente si el locutor no
   advierte a tiempo la traicionera errata que lo acecha
   en el cable llegado a última hora

como el prójimo que permanece enjabonado bajo la
   ducha a causa de un corte imprevisto y al cabo de
   tres minutos se solaza al advertir que el agua vuelve
   a manar sin usura

como el chofer que se reconcilia con la vida tras esquivar
   limpiamente un desbocado camión con tres
   containers

como el adolescente que ama los decibeles más que a sí
   mismo

así   trifenia mía   aproximadamente así suelo
   quererte.

Il cuore

Ya nadie graba
en las paredes
en los troncos
     luis y maría
        raquel y carlos
           marta y alfonso
junto a dos corazones
enlazados

ahora las parejas
leen esas vetustas
incómodas ternuras
en las paredes
en los troncos
y comentan
     qué ñoños
antes de separarse
para siempre.

When you are smiling

When you are smiling
ocurre que tu sonrisa es la sobreviviente
la estela que en ti dejó el futuro
la memoria del horror y la esperanza
la huella de tus pasos en el mar
el sabor de la piel y su tristeza

when you are smiling
the whole world
que también vela por su amargura
smiles with you.

Sirena

Tengo la convicción de que no existes
y sin embargo te oigo cada noche

te invento a veces con mi vanidad
o mi desolación o mi modorra

del infinito mar viene tu asombro
lo escucho como un salmo y pese a todo

tan convencido estoy de que no existes
que te aguardo en mi sueño para luego.

Bébete un tentempié

Bébete un tentempié pero sentada
arrímate a tu sol si eres satélite
usa tus esperanzas como un sable
desmundízate a ciegas o descálzate
desmilágrate ahora / poco a poco
quítate la ropita sin testigos
arrójale esa cáscara al espejo
preocúpate pregúntale prepárate
sobremuriente no / sobreviviente
desde el carajo al cielo / sin escalas
y si no vienen a buscar tu búsqueda
y te sientes pueril o mendicante
abandonada por tu abandoneón
fabulízate de una vez por todas
métete en tu ropita nuevamente
mundízate milágrate y entonces
apróntate a salir y a salpicarte
calle abajo / novada y renovada
pero antes de asomar la naricita
bebe otro tentempié / por si las moscas.

Utopías

Cómo voy a creer / dijo el fulano
que el mundo se quedó sin utopías

cómo voy a creer
que la esperanza es un olvido
o que el placer una tristeza

cómo voy a creer / dijo el fulano
que el universo es una ruina
aunque lo sea
o que la muerte es el silencio
aunque lo sea

cómo voy a creer
que el horizonte es la frontera
que el mar es nadie
que la noche es nada

cómo voy a creer / dijo el fulano
que tu cuerpo / mengana
no es algo más de lo que palpo
o que tu amor

ese remoto amor que me destinas
no es el desnudo de tus ojos
la parsimonia de tus manos

cómo voy a creer / mengana austral
que sos tan sólo lo que miro
acaricio o penetro

cómo voy a creer / dijo el fulano
que la utopía ya no existe
si vos / mengana dulce
osada / eterna
si vos / sos mi utopía.

Onfálica

Sólo me quedó
tu ombligo como una taza
redonda.

FRANCISCO URONDO

Cuando el fulano se miraba el ombligo
no era por narcisismo o complacencia
sino porque ahí siempre vio colinas
nubes convexas / constelaciones
abismos caóticos y jubilosos
grillos / calandrias / cachorros de puma

cuando el fulano se miraba el ombligo
no era porque se creyese el centro del mundo
sino porque allí evocaba pompas de ocio
cómodas profecías con vista al mar
terrazas de crepúsculo a fuego lento
pinos espeluznados / vientos espeluznantes

hoy cuando el fulano se mira el ombligo
no es porque se sienta presuntuoso
sino porque allí escucha los mejores pregones
coros de rameras que ascienden al cielo

carillones con horas al mejor postor
ecos de moribundas primaveras

lo cierto es que el fulano mira su ombligo
por él desciende al mundo / sube al vuelo
pero sólo lo asume con alborozo cuando
le trae nostalgia onfálica de su linda mengana
cuyo pozo de sueño le acerca más delicias
que el ombligo de venus que medra en los tejados.

Triángulo

El fulano está insomne
y la mengana surca
su noche de recelos

él traga sus tabletas
porque intenta dormirse
y así entrar en el sueño
de la dulce mengana
y su abstracta lujuria
y en ese territorio
buscarlos / dar con ellos
sorprenderlos
y entonces
perseguir al zutano
hasta el amanecer.

Mengana si te vas

Mengana si te vas con el zutano
yo / tu fulano / no me mataré
simplemente los seguiré en la noche
por todos los senderos y las dunas
vos gozando tal vez y yo doliéndome
hasta que vos te duelas y yo goce
cuando las huellas a seguir no sean
dos tamañas pisadas y dos breves
sino apenas las de tus pies dulcísimos
y entonces yo aparezca a tu costado
y vos / con esa culpa que te hace
más linda todavía / te perdones
para llorar como antes en mi hombro.

Repaso histórico

Con más nostalgia que embeleso
recuerda una por una a sus menganas

de la primera aprendió el cielo
de la segunda asimiló la tierra
de la tercera la sonrisa virgen
la piel convicta de la cuarta
el palmo a palmo de la quinta
el beso frágil de la sexta
de la séptima el otro el insondable
de la octava el vaivén heterodoxo
de la novena el hagan juego
de la décima el no va más

en realidad
ya hace algún tiempo que el fulano
sentó cabeza con la undécima
mengana que dormita a su costado.

Soneto kitsch *a una mengana*

Yo / fulano de mí / llevo conmigo
tu rostro en cada suerte de mi historia
tu cuerpo de mengana es una gloria
y por eso al soñar sueño contigo

luego / si el sueño acaba te persigo
soñándote despierto / es una noria
que rodea tu eco en mi memoria
y te cuenta esos sueños que te digo

así / sin intenciones misteriosas
sé que voy a elegir de buena gana
de mi viejo jardín sólo tus rosas

de las altas ventanas tu ventana
de los signos del mar tu mar de cosas
y de todo el amor / tu amor / mengana.

Variaciones sobre un tema de Heráclito

No sólo el río es irrepetible

tampoco se repiten
la lluvia el fuego el viento
las dunas del crepúsculo

no sólo el río
sugirió el fulano

por lo pronto
nadie puede
mengana
contemplarse dos veces
en tus ojos.

Epigrama con muro

Entre tú y yo / mengana mía / se levantaba
un muro de berlín hecho de horas desiertas
añoranzas fugaces

tú no podías verme porque montaban guardia
los rencores ajenos
yo no podía verte porque me encandilaba
el sol de tus augurios

y no obstante solía preguntarme
cómo serías en tu espera
si abrirías por ejemplo los brazos
para abrazar mi ausencia

pero el muro cayó
se fue cayendo
nadie supo qué hacer con los malentendidos
hubo quien los juntó como reliquias

y de pronto una tarde
te vi emerger por un hueco de niebla
y pasar a mi lado sin llamarme

ni tocarme ni verme
y correr al encuentro de otro rostro
rebosante de calma cotidiana

otro rostro que tal vez ignoraba
que entre tú y yo existía
había existido
un muro de berlín que al separarnos
desesperadamente nos juntaba
ese muro que ahora es sólo escombros
más escombros
y olvido.

Hablo de tu soledad

Hablo de tu infinita soledad
dijo el fulano
quisiera entrar a saco en tu memoria
apoderarme de ella
desmantelarla desmentirla
despojarla de su último reducto

tu soledad me abruma / me alucina
dijo el fulano con dulzura
quisiera que en las noches me añorara
que me echara de menos
me recibiera a solas

pero sucede que /
dijo calmosamente la mengana /
si tu bendita soledad
se funde con la mía
ya no sabré si soy en vos
o vos terminás siéndome

¿cuál de las dos será
después de todo
mi soledad legítima?

miráronse a los ojos
como si perdonaran
perdonándose

adiós
dijo el fulano

y la mengana
adiós.

Maravilla

Vamos mengana a usar la maravilla
esa vislumbre que no tiene dueño
afilá tu delirio / armá tu sueño
en tanto yo te espero en la otra orilla

si somos lo mejor de los peores
gastemos nuestro poco de albedrío
recuperá tu cuerpo / hacelo mío
que yo lo aceptaré de mil amores

y ya que estamos todos en capilla
y dondequiera el mundo se equivoca
aprendamos la vida boca a boca
y usemos de una vez la maravilla.

Calle de abrazados

Columnata de árboles
o nada / sombras sobre piedras
herméticos zaguanes
o nada / hojas en el viento

la llaman calle de abrazados
no exactamente porque las parejas
se refugien allí a falta de otros
espacios de amor gratis

la llaman calle de abrazados
porque en las noches de domingo
hay dos tan sólo dos
una mujer y un hombre
desentendidos misteriosos
que se citan allí como dos náufragos
y cada náufrago se abraza
al otro cuerpo salvavidas

la llaman calle de abrazados
como tributo a un solo abrazo
desesperado recurrente

tan azorado y tan estrecho
como si fuese siempre el último

y esto a pesar de que en su isla
el hombre y la mujer ignoren
que ese destino en que se abrazan
se llama calle de abrazados.

Cuando esta virgen era prostituta

Cuando esta virgen era prostituta
soñaba con casarse y zurcir calcetines
pero desde que quiso
ser simplemente virgen
y consiguió rutinas y marido
añora aquellas noches
lluviosas y sin clientes
en que tendida en el colchón de todos
soñaba con casarse y zurcir calcetines.

Terapia

Para no sucumbir
ante la tentación
del precipicio
el mejor tratamiento
es el fornicio.

El ruiseñor y la ruiseñora

El ruiseñor conoció a la ruiseñora
en un bar de alterne donde ella
cantaba noche a noche viejos tangos

él la llevó a su casa y le cantó de todo
desde *lieder* de schumann hasta arias de puccini
cantigas de alfonso el sabio con tonada propia
boleros de agustín lara
mambos de pérez prado
mañanitas
sevillanas
blues y *negro spirituals*

al cabo de cuatro horas y/o lustros
la ruiseñora dijo cállate
cállate de inmediato o me regreso al bar

era sin duda un ultimátum
y el ruiseñor calló
triste pero pragmático
el ruiseñor calló.

Dice el hombre en la orilla

Me enamoré hace mucho de la mar
transparente y sin dioses
y como es trampa y ley de los amores
me enamoré temiéndola esperándola

a veces era el mar azul
pero otras veces la mar verde
y es obvio que no son lo mismo
siempre elegí la mar matriz
la MarElla esa bóveda materna
(de materna a mar tierna sólo median
dos o tres plenamares)

cuando llega el MarÉl atronador
rompiente poderoso
yo me tiendo y espero
sobre las dunas neutras sabedoras

no voy a caminar sobre las aguas
como hizo el fundador de los milagros
hundirse en ellas es ahora
el milagro posible

por eso aguardo
sobre la arena volandera
a que acuda la MarElla la tierna
lúbrica gozadora bienvenida
acariciante espléndida desnuda
o apenas guarnecida de algas y coral

y al llegar finalmente la MarElla
desciendo como un pez a su caverna
y después de tendernos en su lecho de sal
la remonto con todas mis nostalgias
las de agua y las de tierra
y al MarÉl le reservo
cornamentas y celos.

Luna de idilio

La distancia entre el mundo
que atruena con campanas
y el otro mundo / el que solloza apenas
¿será equivalente a la que media
entre el excesivo odio amoroso
y el flaco amor odioso?
¿dará lo mismo refugiarse
en el seno aterido de la comunidad
que esconderse en el otro seno el tibio
y tan dulce de la mujer amada?

la luna del idilio no se ve
desde los helicópteros

en los escasos raptos de sagrada vergüenza
uno quiere cambiar de veras y de sueños
pero en los arrebatos de filtrado orgullo
uno quiere cambiar
sencillamente quiere cambiar el universo
y es justamente entonces cuando el odio no puede
privarse del amor

si me despierto odiando
sé que acabaré amando a la hora del crepúsculo
de lo contrario no podría
sobrevivirme ni sobremorirme
después de todo el odio sólo es limpio
cuando nos deja algún agujerito
para vichar los pechos del amor

la luna del idilio no se ve
desde los helicópteros.

Semáforos

Rojo / como el que más /
radiante vino rojo
la herida de las vírgenes
el crepúsculo fucsia
el toro ya vencido
el corazón abierto
la rosa incandescente
el domingo que nace
rojo en el almanaque
el flamboyán de fuego
el balcón de geranios
la llama de tus labios

verde / como el que menos
vas respirando el árbol
descalza / sobre el césped
verde mediterráneo
verde desesperanza
verde de hoja y rocío
del azar paño verde
del loro de flaubert

de cezanne / de sillanpää
de juncos / de lisboa
del manto de los sueños
de tus ojos de miedo.

Tributo

A Yoyes

Cuando aquella muchacha aquella taumaturga
aún no había empezado a ser cadáver
recibía diversos homenajes y ofrendas

en la ribera el agua lamía sus tobillos
las gaviotas planeaban y hasta las golondrinas
regresaban mucho antes de la fecha acordada
los naranjos le daban sus gajos predilectos
el césped se volvía más verde ante su paso
los picaflores y los papalotes
cooperaban en riesgos compartidos
y alguna que otra nube brindaba un aguacero
para limpiar el aire de amenazas

y sin embargo la balearon
por la espalda por nada y por las dudas
junto a su niña frágil

las gaviotas se han ido
y hasta las golondrinas
han resuelto quedarse en sus exilios
el naranjo y el césped se secaron

descienden las cometas de colores calientes
las nubes indignadas ya no lloran

y alguno que otro poeta va dejando
cada tributo en su memoria intacta
cada versito en su cadavercito.

Bellas pero

¿En qué se asemejan después de todo
esas muchachas sin niebla
de amsterdam madrid parís berna florencia
dueñas de esas largas bien torneadas piernas
rotundas pese al frío?

¿qué tienen en común esas ex vírgenes
que en el aire otoñal van a su aire
con su muestrario de besos filatélicos
y el vértice de musgo / el bienvenido?

¿por qué transitan móviles esbeltas
gráciles como aves migratorias
seguras de su suerte y de su noche
clandestinas y obscenas en su encanto?

¿será que su prolija geografía existe
gracias a sed y hambre remotas
de pies oscuros en el barro / de caminos de irse
de fronteras sin donde?

¿o será que su magia se consuma
sin culpa / pero gracias a otros mundos
vale decir se nutre involuntariamente
de la vieja fealdad de la pobreza?

El amor es un centro

Una esperanza un huerto un páramo
una migaja entre dos hambres
el amor es campo minado
un jubileo de la sangre

cáliz y musgo / cruz y sésamo
pobre bisagra entre voraces
el amor es un sueño abierto
un centro con pocas filiales

un todo al borde de la nada
fogata que será ceniza
el amor es una palabra
un pedacito de utopía

es todo eso y mucho menos
y mucho más / es una isla
una borrasca / un lago quieto
sintetizando yo diría

que el amor es una alcachofa
que va perdiendo sus enigmas
hasta que queda una zozobra
una esperanza un fantasmita.

Pies hermosos

La mujer que tiene los pies hermosos
nunca podrá ser fea
mansa suele subirle la belleza
por tobillos pantorrillas y muslos
demorarse en el pubis
que siempre ha estado más allá de todo canon
rodear el ombligo como a uno de esos timbres
que si se les presiona tocan para elisa
reivindicar los lúbricos pezones a la espera
entreabrir los labios sin pronunciar saliva
y dejarse querer por los ojos espejo

la mujer que tiene los pies hermosos
sabe vagabundear por la tristeza.

La hija del viejito guardafaro

Era la hija del viejito guardafaro
la princesita de aquella soledad.
GERÓNIMO Y ANTONIO SUREDA
Ilusión marina

Cuando la hija del viejito guardafaro
dejaba el faro y bajaba a tierra
los rudos no podían soportar su belleza
tan sólo la seguían con los ojos y labios
paralizados por su cercanía
y si en la noche hallaban en su cama
a la mujer de siempre no podían
borrar aquel recuerdo y fracasaban

la hija del farero llegaba hasta el mercado
compraba frutas carne pan cebollas
tomates azafrán pollo merluza
vale decir los víveres para cuatro semanas
pagaba y sonreía y emprendía la vuelta
y treinta marineros le hacían un pasillo
para que transcurriera su hermosura
y ella gozosamente transcurría

y si a la noche el faro se encendía
los pescadores y los alfareros
los tenderos y los motociclistas
los viejos verdes y los adolescentes
abrían las ventanas y los párpados
para que así la hija del farero
los envolviera con su luz
inalcanzable intermitente.

La octava

Ahora que es el fin
y ya todos las vieron
de perfil y de frente
in pectore y al dorso
en tules y de largo
no pueden caber dudas
la reina es la más linda

ah sí/ pero la octava
la octava de la izquierda
tampoco caben dudas
ésa es la cautivante
sus dos centímetros de menos
sus seis centímetros de más
como decía el viejo nietzsche
la hacen humana
demasiado humana

la reina es la más linda
pero la octava de la izquierda
es la más seductora

quién podrá resistirse
a sus labios en pena
sus ojos de vencida
su tristeza en bikini.

Almohadas

Nunca me ha sido fácil
encontrar la almohada
adecuada a mis sueños
a su medida exacta

en la cabeza noche
se cruzan las fatigas
se ahondan las arrugas
de la pobre vigilia

en la cabeza noche
huyen despavoridos
los árboles los muros
los cuerpos de aluminio

yo no elijo mis sueños
es la almohada / es ella
la que los incorpora
en desorden de feria

mucho menos elijo
las pesadillas locas

esos libros del viento
sin letras y sin hojas

pero al cabo de tantas
almohadas sin cuento
sin historia y sin alas
como siempre prefiero

la de tu vientre tibio
cerca cerca cerquita
del refugio imantado
de tus pechos de vida.

Señales

En las manos te traigo
viejas señales
son mis manos de ahora
no las de antes

doy lo que puedo
y no tengo vergüenza
del sentimiento

si los sueños y ensueños
son como ritos
el primero que vuelve
siempre es el mismo

salvando muros
se elevan en la tarde
tus pies desnudos

el azar nos ofrece
su doble vía
vos con tus soledades
yo con las mías

y eso tampoco
si habito en tu memoria
no estaré solo

tus miradas insomnes
no dan abasto
dónde quedó tu luna
la de ojos claros

mírame pronto
antes que en un descuido
me vuelva otro

no importa que el paisaje
cambie o se rompa
me alcanza con tus valles
y con tu boca

no me deslumbres
me basta con el cielo
de la costumbre

en mis manos te traigo
viejas señales
son mis manos de ahora
no las de antes

doy lo que puedo
y no tengo vergüenza
del sentimiento.

Despabílate amor

Bonjour buon giorno guten morgen
despabílate amor y toma nota
sólo en el tercer mundo
mueren cuarenta mil niños por día
en el plácido cielo despejado
flotan los bombarderos y los buitres
cuatro millones tienen sida
la codicia depila la amazonia

buenos días good morning despabílate
en los ordenadores de la abuela onu
no caben más cadáveres de ruanda
los fundamentalistas degüellan a extranjeros
predica el papa contra los condones
havelange estrangula a maradona

bonjour monsieur le maire
forza italia buon giorno
guten morgen ernst junger
opus dei buenos días
good morning hiroshima

despabílate amor
que el horror amanece.

Verdes

Defienden las praderas
la verde mar la selva
las alfombras de césped
las hiedras trepadoras
la amazonia humillada
la sombra de los pinos

coleccionan sus glaucos
desde el verde botella
hasta el verde esmeralda
se atiborran de tréboles
cultivan la esperanza
y particularmente
espían a muchachas
tiernas y de ojos verdes

después de todo y pese a todo
los viejos verdes son los únicos
ardientemente ecologistas.

Mujer de lot

Mujer estatua / tu historia
azul verde malva roja
quedó blanca de congoja
extenuada y sin memoria

mujer estatua / por suerte
fuiste hueso / carne fuiste
y sin embargo qué triste
es tenerte y no tenerte

mujer con lluvia y pasado
avara de tus mercedes
ojalá escampe y te quedes
para siempre de este lado

mujer de sal y rocío
tu corazón sigue en celo
y tu voz está de duelo
como la tierra y el río

no olvides que no se olvida
hacia atrás o hacia adelante

ya el castigo fue bastante
reincorpórate a la vida

con audacia / sin alertas
con razón o sin motivo
mujer de lot / te prohíbo
que en estatua te conviertas

mujer otra / diferente
si no fuera juez y parte
jugaría a desnudarte
lentamente / lentamente.

Traigo el mar en un dedal

La rosa de oro
no se marchita
ni tiene aroma
el cielo ajeno
que te envenena
ya no es azul

traigo el mar en un dedal
y tu rostro es la noticia
mis utopías
tienen el sello
de tu caricia

si la memoria
no cuenta cosas
maravillosas
y si el hastío
cubre la noche
de desamor

si amanece la verdad
con su gallo agradecido

mis fantasías
inventan leyes
contra tu olvido

si mi flojera
tiene el delirio
de ser valiente
y tu cordura
sabe mezclarse
con el placer

traigo el mar en un dedal
y tu rostro es mi amuleto
con nadie hablo
de tus perdones
guardo el secreto.

Trueque

Me das tu cuerpo patria y yo te doy mi río
tú noches de tu aroma / yo mis viejos acechos
tú sangre de tus labios / yo manos de alfarero
tú el césped de tu vértice / yo mi pobre ciprés

me das tu corazón ese verdugo
y yo te doy mi calma esa mentira
tú el vuelo de tus ojos / yo mi raíz al sol
tú la piel de tu tacto / yo mi tacto en tu piel

me das tu amanecida y yo te doy mi ángelus
tú me abres tus enigmas / yo te encierro en mi azar
me expulsas de tu olvido / yo nunca te he olvidado
te vas te vas te vienes / me voy me voy te espero.

Tíbulos

A Ernesto Sabato

Hace ya medio siglo
don nicola creía
que el lascivo prostíbulo
y el discreto vestíbulo
eran lo mismo

por entonces las vírgenes
besaban a sus novios
en el vestíbulo

y los novios seguían
cursos de sexo básico
en el prostíbulo

ahora las casas vienen
con poquísimas vírgenes
y sin vestíbulo

y los hombres de empresa
exigen cinco estrellas
en el prostíbulo

ay don nicola
por fin tus dos palabras
son una sola.

Si dios fuera mujer

¿Y si Dios fuera una mujer?

JUAN GELMAN

¿Y si dios fuera una mujer?
pregunta juan sin inmutarse

vaya vaya si dios fuera mujer
es posible que agnósticos y ateos
no dijéramos no con la cabeza
y dijéramos sí con las entrañas

tal vez nos acercáramos a su divina desnudez
para besar sus pies no de bronce
su pubis no de piedra
sus pechos no de mármol
sus labios no de yeso

si dios fuera mujer la abrazaríamos
para arrancarla de su lontananza
y no habría que jurar
hasta que la muerte nos separe
ya que sería inmortal por antonomasia
y en vez de transmitirnos sida o pánico
nos contagiaría su inmortalidad

si dios fuera mujer no se instalaría
lejana en el reino de los cielos
sino que nos aguardaría en el zaguán del infierno
con sus brazos no cerrados
su rosa no de plástico
y su amor no de ángeles

ay dios mío dios mío
si hasta siempre y desde siempre
fueras una mujer
qué lindo escándalo sería
qué venturosa espléndida imposible
prodigiosa blasfemia.

Re/creaciones

Cuando adán el primero
agobiado por eva y por la soledad
inventó cautelosamente a dios
no tenía la menor idea
de en qué túnel de niebla había metido
a su desvalido corazón

pero cuando su invento lo obligó a hacer ofrendas
a rezar y a borrarse del placer
o a cambiar los placeres por el tedio
adán / a instancias de eva la primera /
de un soplido creó el agnosticismo.

Enigmas

Todos tenemos un enigma
y como es lógico ignoramos
cuál es su clave su sigilo
rozamos los alrededores
coleccionamos los despojos
nos extraviamos en los ecos
y lo perdemos en el sueño
justo cuando iba a descifrarse

y vos también tenés el tuyo
un enigmita tan sencillo
que los postigos no lo ocultan
ni lo descartan los presagios
está en tus ojos y los cierras
está en tus manos y las quitas
está en tus pechos y los cubres
está en mi enigma y lo abandonas

Índice

El papel utilizado para la impresión de este libro
ha sido fabricado a partir de madera procedente de bosques
y plantaciones gestionados con los más altos estándares
ambientales, garantizando una explotación de los recursos
sostenible con el medio ambiente y beneficiosa para las
personas. Por este motivo, Greenpeace acredita que este libro
cumple los requisitos ambientales y sociales necesarios para
ser considerado un libro «amigo de los bosques».
El proyecto «Libros amigos de los bosques» promueve
la conservación y el uso sostenible de los bosques,
en especial de los Bosques Primarios,
los últimos bosques vírgenes del planeta.

Papel certificado por el Forest Stewardship Council®